Schwarzer Panther

Der Schwarze Panther, ein Begriff, der im Volksmund zur Beschreibung melanistischer Exemplare zahlreicher Großkatzenarten verwendet wird, vor allem Leoparden (Panthera pardus) in Asien und Afrika und Jaguare (Panthera onca) in Amerika, fasziniert seit langem die menschliche Kreativität. Diese majestätischen Kreaturen mit ihren glatten, komplett schwarzen Mänteln stehen als Symbole für Elektrizität, Thriller und Schönheit in der Natur. Dieser Aufsatz befasst sich mit verschiedenen Aspekten des Lebens des schwarzen Panthers, von seinem besonderen Aussehen bis zu seinem Ruf als Naturschützer, und bietet eine umfassende Bewertung dieser rätselhaften Tiere.

Das Aussehen der Schwarzer Panther ist hängend, mit ihrem dichten, dunklen Fell, das sie im Schatten der Wälder, in denen sie leben, tarnt. Dieser Melanismus ist das Endergebnis einer genetischen Mutation, die diesen Großkatzen ihre einzigartige schwarze Farbe verleiht. Sie behalten jedoch immer noch den funktionellen Rosettenstil ihrer Art bei, der bei bestimmten Lichtverhältnissen sichtbar ist.

Schwarze Panther sind Einzelgänger, deren soziale Interaktionen hauptsächlich auf die Paarungszeit beschränkt sind. Sie sind territorial und nutzen Duftmarkierungen, um mit anderen Panthern zu kommunizieren, ihre Anwesenheit zu signalisieren und sinnlose Konfrontationen abzuwehren.

Lebensraum Der Lebensraum des Schwarzen Panthers erstreckt sich über dichte Regenwälder, Sümpfe, Savannen und sogar Berge. Ihre Anpassungsfähigkeit an exklusive Umgebungen hat es ihnen ermöglicht, in zahlreichen Gebieten weiterzuleben, von den Dschungeln Indiens und Südostasiens bis hin zu den Wäldern Mittel- und Südamerikas.

Füttern Als Spitzenprädatoren spielen Schwarze Panther eine wichtige Rolle bei der Aufrechterhaltung der Stabilität ihrer Ökosysteme. Sie sind professionelle Jäger, die Heimlichkeit und Kraft einsetzen, um Beute zu erlegen, zu der eine Vielzahl von Tieren gehört, von Hirschen und Wildschweinen bis hin zu kleineren Säugetieren und Vögeln.

Ernährung Der Gewichtsverlustplan eines Schwarzen Panthers variiert je nach Gebiet, umfasst jedoch typischerweise Fleisch, das durch Wildsuchen gewonnen wird. Sie sind Fleischfresser und passen ihre Jagdtechniken bekanntermaßen an die Verfügbarkeit von Beutetieren in ihrer Umgebung an.

Junge Schwarzen Panthers-Babys werden blind geboren und sind für ihr Überleben vollständig auf ihre Mütter angewiesen. Die Mütter sind äußerst wehrhaft und verstecken ihre Jungen in Höhlen, fernab von Raubtieren. Junge bleiben etwa ein, fünf bis zwei Jahre bei ihren Müttern, bevor sie sich auf eigene Faust auf den Weg machen.

Evolution Der Evolutionsverlauf der Schwarzen Panthers ist mit dem der Leoparden und Jaguare verflochten. Es wird angenommen, dass Melanismus in bestimmten Umgebungen einen selektiven Vorteil bietet, eine bessere Tarnung bietet und die Überlebens- und Vervielfältigungswahrscheinlichkeit erhöht.

Population Die Population der Schwarzen Panthers zu schätzen, ist aufgrund ihrer schwer fassbaren Natur und der Weitläufigkeit ihrer Lebensräume schwierig. Allerdings gelten sie als weniger ungewöhnlich als ihre nicht-melanistischen Artgenossen, da ihre Zahl durch Lebensraumverlust und Wilderei beeinträchtigt wird.

Erhaltungszustand Der Ruf der Schwarzen Panther als Naturschutz stimmt mit dem der Art überein, zu der sie gehören. Während Leoparden als gefährdet gelten, gelten Jaguare als nahezu gefährdet. Die Bemühungen zum Schutz dieser Tiere umfassen die Erhaltung des Lebensraums, Maßnahmen zur Bekämpfung der Wilderei und rechtliche Sicherheit.

Gesundheit Schwarze Panther leiden wie andere Wildkatzen unter Fitnessproblemen, einschließlich Unfällen durch Kämpfe oder Blick, Krankheiten und Parasiten. Naturschutzbemühungen achten auch auf die Überwachung der Fitness, um sicherzustellen, dass es lebensfähige Populationen gibt. Lebenserwartung In freier Wildbahn können Schwarze Panther bis zu 12 Jahre alt werden, in Gefangenschaft, wo die Bedrohung minimal ist und medizinische Versorgung verfügbar ist, kann sich die Lebenserwartung jedoch auf 20 Jahre oder mehr erhöhen.

www.ingramcontent.com/pod-product-compliance
Lightning Source LLC
LaVergne TN
LVHW060504170826
845677LV00026B/1419
9798882192098